ずら視の美学

バレたらまずい!?　噛み合わせの秘密

スポーツマウスピース編

夢

内に秘めたるポテンシャルを解放する
その瞬間マウスピースは武器になる

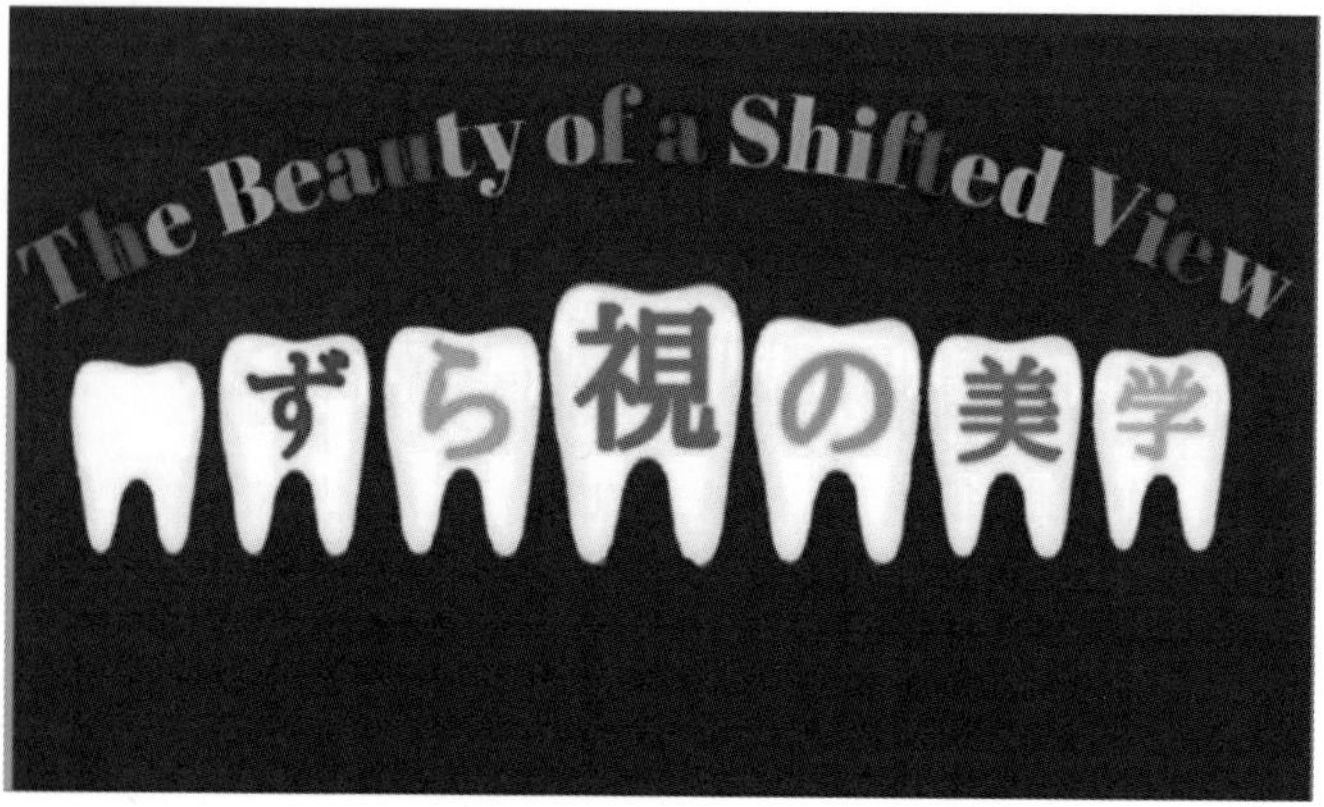
The Beauty of a Shifted View
ずら視の美学

はじめに

「スポーツマウスピース」ってご存じでしょうか？

今回は、「スポーツマウスピース」を通して、少しお話ししようと思います。

マウスピースが必ず必要な競技もあります。日本では、マウスピースに限らず、歯への意識ってすごく低いですよね。それがなぜ低いのか？というのが、最初は純粋な疑問でした。そこからマウスピースを追求し始めて、低年齢の子どもたちの、例えば健康だったり安全だったりを含めて、「マウスピースは絶対必要だよね」という結論に至ったのです。


海外を見ると、マウスピースは多少安価であってもかなりの頻度で使用されています。特に、中高生ぐらいまで米国では義務になっている州もあり、装着せずにケガをすると指導者の責任が問われます。でも日本はそれがなくて…バスケットでも、歯が折れちゃったとか、ぶつけて脱臼したという事故がすごく多いです。指導者がバスケ経験者で、「マウスピース作ったほうがいいぞ！」と言っている割につけていないのが現状です。

今、日本では、マウスピースをつけるとしたら格闘技、アメリカンフットボール、ラグビー等です。２０２８年ロス五輪でオリンピック種目になるラクロスも、マウスピースをつけないと試合に出られない競技の一つです。

けれども、バスケットもＮＢＡ選手は、ファッションと言いつつ、ほぼ１００％の装着率です。日本のＢリーグ選手はつけていないですよね。そこもアプローチしたい競技の一つです。おそらくバスケ漫画の作者で世界一有名な方が、「やはりトップの選手が見本を見せて安全に気を配らないとだめだよね」とおっしゃっても邪魔だからと言って今のところＢリーグ選手は着けてくれません。それは今まで大丈夫だったからこれからも大丈夫というなんの根拠もない理由です。

海外だったら、プロ選手の姿を見て、若い子たちが真似をするのだから、「安全のためにマウスピースつけよう！」という感覚があると思うのですが…

実は、スポーツマウスピースは、防御のためにつけるだけではないのです。もちろん防御は最低限、でも真の目的は別のところにあるんじゃないかと思っています。

その辺は、本文で話していきたいと思います。

２０２２年３月

Dr. storm

もくじ

◆マウスピースを使ってしていること

私は、歯科大学では補綴科（ホテツカ）専攻です。補綴というのは見た目やかみ合わせをクラウンや入れ歯など人工の歯で補う治療法のことです。大学の医局をへて開業医になりました。

マウスピースに初めから興味を持っていた訳ではありません。マウスピースを始めたきっかけは臨床の中で、**噛み合わせを正しくすると、色々な病状が多少なりとも改善したりするようなことがあり、だったらそれを応用してスポーツマウスピースをつくったら、より快適な体の状況になるのではないのか？**と思ったからです。

噛み合わせの調整では、どうしても削るという行為（削ると言うよりは、撫でる感じですが…）が出てきてしまいます。マウスピースをつけて正しい顎位にしてあげることで、治るとは言いませんけれども、病気の症状が軽減するのを診てきて、経験上わかってきてスポーツマウスピースを本格的につくり始めているということです。

病気の症状が軽減されていったり、正常な人のパフォーマンスが少なからず良くなるというのもマウスピースを作ってきて感じたことです。

人の体は全てがバランスだと考えています。中々100%とはいきませんが、**マウスピースを使って、全身のバランスを整えている**ということです。

単純に、口の中（口腔）だけではないのです。例えば、下駄と靴履いて100mを全力で走れないのと一緒です。要はバランスが悪すぎるわけです。

マラソンでもオリンピック選手だと、新しいシューズでも、脚の長さで靴底に数ミリの差をつける選手もいるというじゃないですか。靴底がすり減るのも計算して、何キロぐらい走ったところが自分のベストになるからといって、本来の試合で履き潰したりしますよね。

脚が2本しかなくて、その差を気にしているのに、歯は親知らず除けば28本あって、そのバランスを気にしないというのが、逆にちょっと不思議だと思いませんか？

私は、**わざとそこにスポットライトが当たらないような教育をされているのではないかな**と勘繰ったりしています（笑）。

◆外国じっぽい顔立ち

歯科大学では、噛み合わせの勉強はしません。「咬合理論」はないのです、あるとして、大学で習うのは、赤い紙（咬合紙）をカチカチ噛んで、「どうですか？」というやつです。**チェア（歯科用**診察台）で、これをやった経験がある方も多いと思います。

咬合紙（カーボン紙、赤・青）

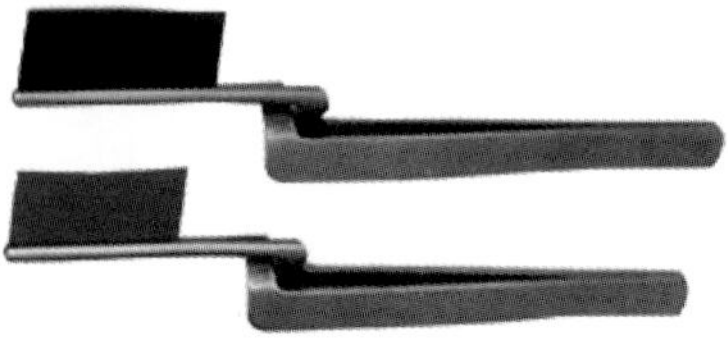

咬合チェック

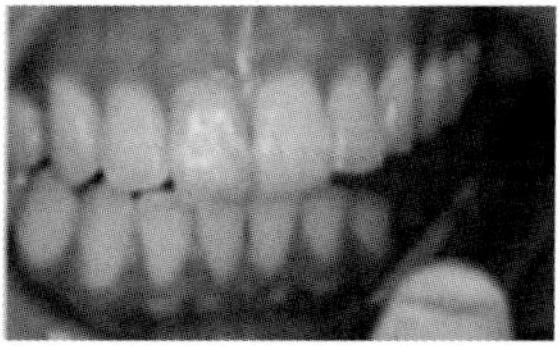

でも、これって、変だと思いませんか？チェアで寝そべったまま、カチカチやりましたよね？　カチカチしてもらって、大丈夫ですなんて言って起きてうがいをしたら、やはり顎の位置が変わるから、やけに高いぞという感じがしたりして、「ちょっと高いです」と何回か言うと、歯科医がだんだんイライラしてきて、それでもう、「これで大丈夫ですよ。慣れますから」という感じです。（全ての歯科医ではありませんが…）こ

れって、絶対に慣れているのではなくて、私はただ単に脳が違和感がなかったことにしているだけだと思いますます。

そもそも寝そべったまま、ご飯を食べる人はいないですよね。でも、大体はこうやってチェックしています。

例えば、かみ合わせのどこかに狂いが出ると、そのうちにその近くや反対側に狂いが出てきて、だんだん口の中がひっちゃかめっちゃかになっていきますよ。

一説には、日本人は9割方噛み合わせが低い（間違っている）と言われています

9割噛み合わせが低い異常な状況なら、低くならないように何か方法を考えると思うのが普通です。

海外で成功しているプレーヤーは、どちらかというと微妙に外国人っぽい感じになっている気がします。これは統計も確証もありません。私の感覚です。（※前歯は、普通は上が外側、下が内側になって咬み合わせるようになっています。）

例えばイチロー選手だって、今旬な大谷翔平選手も、私は外人みたいな口元しているると思います。こうやってみてみると、すごい出っ歯の口元の人ってあまりいないのにお気付きでしょうか？

プロ野球選手とか、Ｊリーガーでもちょっと外人っぽい口元の選手、女子だったら澤穂希選手もそうだし、みんな下顎が通常の日本人より前方にある気がします。たぶんそのほうが顎の関節に対しての全体の頭蓋骨のバランスが取りやすいのだと思います。だから極論、受け口系で活躍する選手はいても、極端な出っ歯系の選手は少ないんじゃないかと思います。

今年は大リーグで、大谷選手がＭＶＰを取りました。私が思うには、日本人はたぶん持っているポテンシャルは国際的にも高いと思っています。だから、その高いのを知っているから、そのことが世界的に知られて日本人が活躍すると困るので、これ以上かみ合わせが良くならないように、噛み合わせに意識がいかないようにされている気がするんですよ。

もちろん、私の個人的妄想の世界でですけど…。妄想ついでに言うと、これだけ先進国と言われていても、これだけ英語を学んでいても英語がしゃべれないのと、歯が悪いのは日本人ぐらいじゃないですか？ だからたぶん意図的にそうなっているのではないかと勘繰っている人がます。

◆ツルツルに磨り減ったバッスケットシューズを履きますか？

噛み合わせで言うと、顎から歯までつながっています。だから、**顎と歯と噛み合わせとは三位一体**です。歯は削られていきます。だから、ズレた状態でもそれが普通だと思っていたりします。

マウスピースも、格闘技の選手は、結構長く使っています。日本チャンピオンのタイトル戦に臨むようなボクサーで、30歳くらいの選手でさえ、高校のときから同じものを使っている人が結構います。歯並びも大して変わらないから、それは使えるといえば使えますが、私に言わせてもらえば、**ツルツルに磨り減ったバスケットシューズとかサッカーのスパイク履きますか？って話**です。

でも、そこには意識がいきません。今、私がサポートしている総合格闘技の選手は、筋力も変わるしバランスも変わってくるから、できれば3ヶ月に1回ぐらいはつくり直してもらっています。十数年同じマウスピースを使っているのだとしたら、十数年間、筋力も技術も一緒なのですかと質問しています（笑）。

その時その時なので、一個つくったら壊れるまで半永久的に使えますみたいなことはないです。あと汚くなって匂い臭いからやめましょう！ではなくて、定期的なつくり替えというのは必要なのです。それを浸透させたいです。

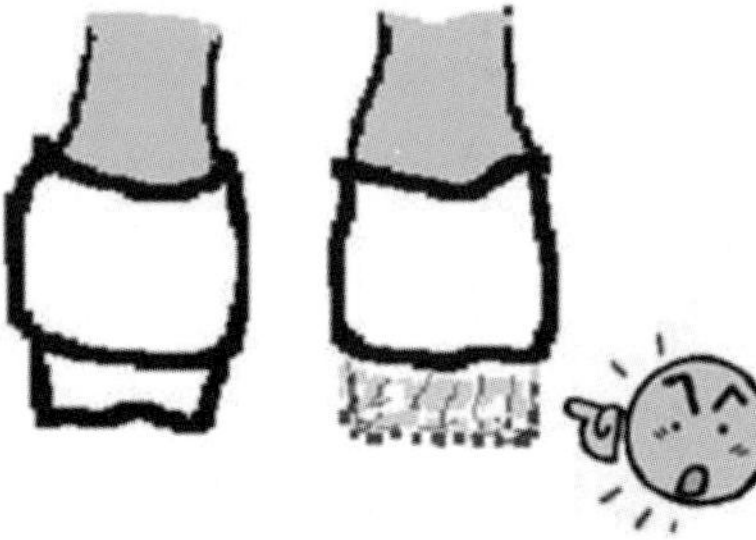

◆頭蓋骨も動く

口の中は常に動いています。だから、その日によって噛み合わせが違ったり、ここを軽くマッサージするだけで噛み合わせが変わったりします。あと、**噛み合わせ自体も変わるし、歯もたぶん動くし、更に頭蓋骨も動きます**。西洋医学は、頭蓋骨の継ぎ目は動かないという理論で構築されています。でも実際には、小顔矯正とかで、押すと小顔になったりし、頭蓋骨矯正もあります。つまり、動くということですよね。そうなってくると、ここの継ぎ目は動かないということで色々な理論が構築されているのに、実はきしむ程度にでも動いていたら、今までの理論が全然変わってきてしまいます。

だから、歯も絶対動くのです。十数年間、2週間に一度は歯の掃除に来る人がいます。そこまでする必要がない、いやしない方が良いと思いますが、本人のたっての希望なので断ることもできません。彼は、身長も185㎝前後、衛生士さんには口の中を触られたくないから、歯の掃除だけですけれども、毎回私がやっています。フロスも通します。フロスをひんぱんに通すこと自体も、私は疑問に思っていますけれど、適度にやるのはいいかなと思っています。その中で、もう全然フロス通らない時があったと思えば、２週間後に来たら今度はスカスカに通ることが普通にあります。実際それだけ歯は動いています。

そもそも、歯がついている上顎と下顎と歯は、元々の発生が違います。歯がついて上下が合わさっているから、一応、頭みたいな認識になっています。でも、上顎と下顎は全然別ものですから、成長の仕方も違います。上顎というのは一般的な発育をするので、徐々に大きくなってきます。下顎というのは神経性の発育をするから、一気に発育してある程度になったら緩やかにいくから、例えば12歳ぐらいで比べると、おそらく10～15％は成長度合いが違うのです。

だから、歯というものでは連結されているけれども、骨の成長は別なわけです。それをうまく合わせていかなければいけないので、成長期にはそこに誤差は生じるのは仕方がないのです。

◆たぶん一番のポイントは顎の位置

噛み合わせが悪いといっても、歯が悪い場合と、顎が悪い場合と、噛み合わせだけが悪い場合があったり、噛み癖があったりの場合があります。でも、一番はたぶん歯というよりも顎の骨の位置（顎位）です。

ただ先ほど言ったように、学問で系統立てては決まっていません。今は各先生たちが、フィーリングでここだ！みたいな、経験則でやっています。ですので、確定的、定説的なものは難しいのも事実です。

ある総義歯の大家の先生がいました。総義歯で奥さまと先生と二人共、上下総入れ歯なのですけれども、総入れ歯を極めようと。自分の歯を順番に一本ずつ抜いて入れ歯にしていくわけですよ。これは、業界では、有名な話です。

そこで、ここが痛いときは、ここ削るといいといって研究していくわけです。2本抜いたら、2本抜いた入れ歯はこうだって、抜き終わったら今度反対側も抜いて、最後総入れ歯にして、総入れ歯にしているときは、こういうものを噛んでこういうふうに顎を動かしたときにはここが痛くなって、そのときにはこういうふうに削ったら痛みが和らぐみたいなことを研究して、とりあえず自分は総入れ歯になりました。

奥さまも歯医者なので、今度は奥さまの歯を抜き出すわけです。「こうなるとお前どうだ？」とやって、だからご夫婦で総入れ歯です。それで、総入れ歯の大家と呼ばれるようになったその先生が、最後に導き出した答えってなんだと思います？

「自分の歯が一番いい」とかではないんです。なんと、**最後に導き出したのは、「入れ歯は人それぞれだから何もわからなかった」**なんです。

ええー！っ感じで結構笑い話みたいな話ですが事実です。

二人で総入れ歯にしたけれども、人それぞれで…。たぶん顎位一つといっても、顎の位置だけのことではなくて、今言った頭蓋骨の動きだったり、頭蓋骨一枚一枚の比率だったり、大きさだったりが違えば変わる。ある程度の一定感はあるけれども、絶対が存在しないと思います。

◆格闘家は、たぶんどこかでわかっているはず！

マウスピースもそうで、でもたぶん格闘家の人とか、トップの人って知っていると思います。マウスピースが防御だけだというなら、例えば今日マウスピース忘れちゃったから前のスポーツ屋さんで、２００円で安売りしていたから、今日これでいいやとか、ありそうじゃないですか。

でも、ある格闘団体では、一ヶ月ぐらい前に登録して、そのマウスピースしか使えないのです。

だって防御だけだったら別にそれでもいいですよ。グローブ変えましょうとか、グローブの中に「あしたのジョー」みたいに石を握っていますというなら、これはマズいですけれども、マウスピース。別に「殴られたときに歯折れないようにします！」というだけだったら、その日に買ってきたスポーツ屋の２００円の安売りだって、お湯浸けてアチチなんてやったって、極論よさそうですよね。

でもダメなんです。「これ使います」というのを事前に登録してそれしか使えないらしいですよ。

だから、その団体に出るときに頼まれた選手にマウスピースつくってほしいと言われて、「いいですよ」と言ったら、初めてそこの団体に選手を出すというジムで、「先生、この日までに…」と言われて、それが3日後ぐらいなのです。

「この日までに用意できていないとマウスピースつくれないから、これ無理ですよね。ちょっと3日や4日じゃ無理だな。じゃあ次回ね」と言ったのですけれども、その使えるマウスピースの登録制みたいなところがあるということは、マウスピースで何かが変わるということを、たぶん感覚的には知っているとしか思えません？　考えすぎですかね。

よく言われるのは、私の作ったマウスピースをつけるのと昔のマウスピースを比べると、パンチの感覚として、「相手に入っている気がする」です。同じように当たっていても、１㎜とかわからないですけれども、自分の拳のエネルギーが相手に入っていく感覚があると言うのです。逆に、打たれたときに体をキュッと締める。そのときに、前ならグッと入ったのが、表面で止められたみたいな感覚があると言うんです。

数値は取れていないですけれども、感覚として入ったなというのと、止められたというのがあるから、パフォーマンスとしてはすごく試合では違うという話を聞きます。

◆ドーピングレベルで変わるぞ！

ある強豪の高校のアメリカンフットボール部が、チームとして私の作るマウスピースを使用してくれています。

そこの監督が言うには、「ケガが少なくなった」「元気になったという選手がいる」ということです。その監督が某大学のアメリカンフットボール部にマウスピースを紹介してくれたのですけれども、その大学のヘッドコーチに言ってくれたのが、このセリフです。

「ピタっといい感じになる選手、全員とはもちろん言わないけれども、はまる選手はドーピングレベルで変わるぞ！」

ドーピングレベルって、すごくないですか？

その監督は、飄々としていて、すごく実直な方で、お世辞とか言う方ではないので、まさかそんなこと言ってくれているとは思わなかったです。

ドーピングレベルで変わるマウスピースって一体どんなのだというので、すごく興味を持ったと言われました。

元気になるとか、ケガが減るというのが、おそらく顎位で色々なものが変わるのですけれども、スポーツということからすると、ひとつは**インナーマッスル、体幹が鍛えられる**のではないかなと思います。

だからパンチ打つときというのも、小手先じゃなくて、軸を持っていくから…。ボクシングの井上尚弥選手が強いのは、ショートでもロングというかわからないけれども、相手との距離感がどうであっても、マックスのパンチが打ち込めるというのが彼の強さの一つだというのを聞いたことがあります。おそらく普通はパンチ打つときに、途中で当てられてしますと、威力が半減しますよね。距離感がここだと思っていたのがちょっと離れると半減しますよね。彼のパンチの威力は一定なんだそうです。それは、たぶん要は手先だけで打っているわけじゃなくて、軸を持って、自然と軸を持って打っているから、多少ピンポイントがずれても、その時点でのマックスのパワーが拳に伝わりやすいのではないんですかね。僕は勝手にそこが天才だと思っているんです。

あるチームのマウスピース
印象採得・咬合採得と完成品

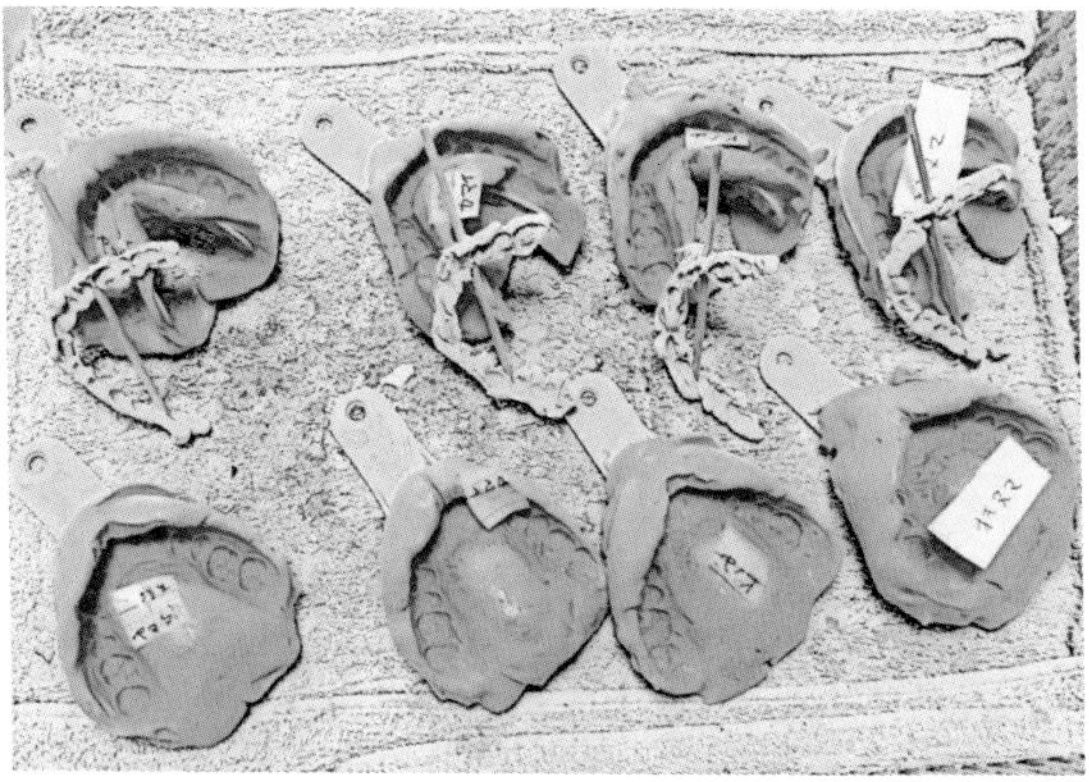

◆マウスピースで顎位を整えるとインナーが鍛えられる

筋肉には、白筋・赤筋があって、男性はどちらかというと白筋が多い。要は瞬発系でエネルギーの生成というか代謝で言うと、いわゆる解糖系、糖を分解してエネルギーにするのが強い感じなんです。女性というのは赤筋で、要はミトコンドリアがエネルギーをつくる傾向にあるので、だからミトコンドリア系の代謝は持久系に強いと言われています。

だから、オリンピック競技でも、唯一女性が男性を超えられるのではないか、超せる可能性があるとしたらマラソンだと言われています。女性の走り方は、たぶんインナーを使う走り方なので、ミトコンドリアで代謝するから持久力がつくし、男性は白筋系の瞬発系がメインなので、短い距離はいいけれど、長くなってくるとエネルギーの代謝とかがスムーズにいきにくくなってくるのかなと思います。

そのなかで、マウスピースをつけて、例えば体幹が整ってくるとしたら、体幹は赤筋ですから、そうするとそっち側のミトコンドリア系の代謝がスムーズにいくようになって、それで体力がつくというか、元気になるのかなぁと最近思っています。

◆普段は、歯を噛みしめているのか？

本来は、口を閉めても歯の中は浮いています。マウスピースを入れても本来は、歯は接触していない状態になります。「歯止め」という言葉があるように、地面で言うと、関節は、足首から、順番に上がっていって関節は色々バランスを取ったりしながら、最後ここで、顎で調整していると思うんです。歯を止めているので、歯止め。

もちろん言葉があるということは、絶対昔の人は感覚で知っていたということです。「朝飯前」という言葉も、「簡単なことだよ！」ということで「朝飯前」を使う人いますけれども、実は「朝飯の前が効率いいぞ！」という話で、朝飯の前は効率がいいから、本来は空腹状態でやると仕事がはかどるという意味らしいのですよ。今は、朝飯前＝簡単というふうになってしまっていますが…。

話を戻して、マウスピースを入れても、常に噛んでいるわけではないのです。顎は本来は両方の顎とベロという吸盤で吊り下がって3点で接触しています。イメージではゆらゆらしているのが一番良くて、何かのときにクッと噛む。でも、どうしてもマウスピースを入れると歯が接触しがちというのは、元々日本人は9割方噛み合わせが低いので、正しく戻した噛み合わせに慣れていないから、ここに何かものがつくと当たっちゃうのです。でもマウスピースを入れた状態というのが正常な状態だとすると、そこに慣れてくれれば、たぶん噛まなくってくるとは思っています。

そして9割の人が噛み合わせが低いということは、1割の人は噛み合わせが低くないわけです。その人に厚みのあるマウスピースをつくったらすごくバランスが崩れます。そういう人だと噛む面にボコボコに穴が開くような、噛んだときには噛みしめるクッションとして、マウスピースをつくっているイメージではないので、実際穴がボコボコに開きます。今の顎の位置をキープしつつ、一応防御しましょうっていう感じです。

スポーツマウスピースつけると、まず奥歯の部分が当たって、順番に触っているというか、前歯か触っていると落ち着き、動かなくなるのです。普段だと勝手に動いています。

つかないで揺れている分にはいいですが、そもそもが脳の記憶が間違っていて、歯のデコボコと顎がいきたい位置というのがイコールではないので、そうすると、それがどうしてもクッて噛みしめてしまうと、変に触れちゃって、どうも落ち着かないなって感じを持つ方は結構います。

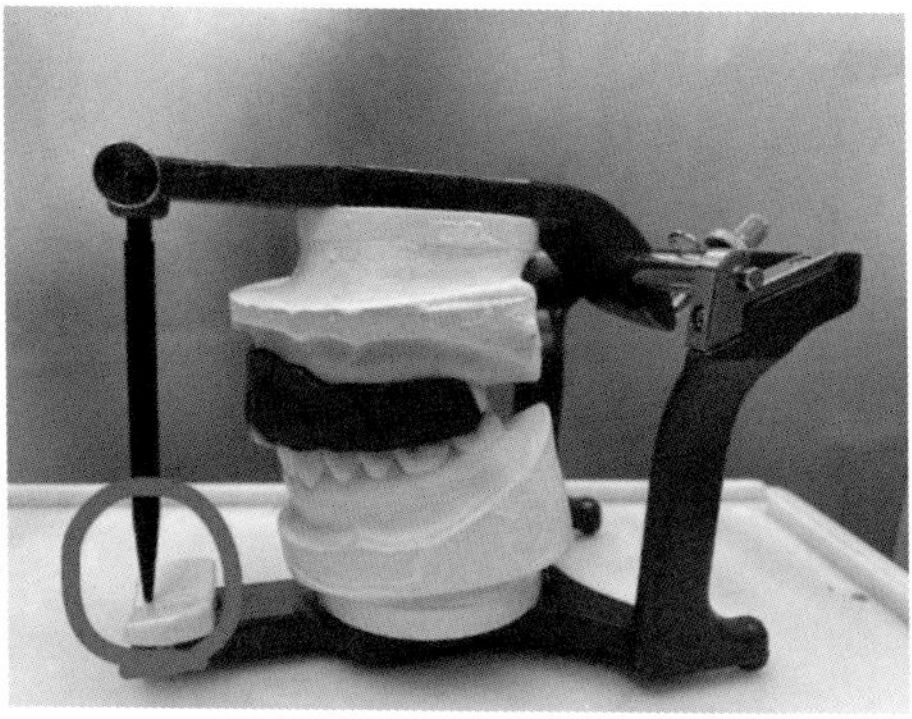

ピン先が接触しているかいないかが違い

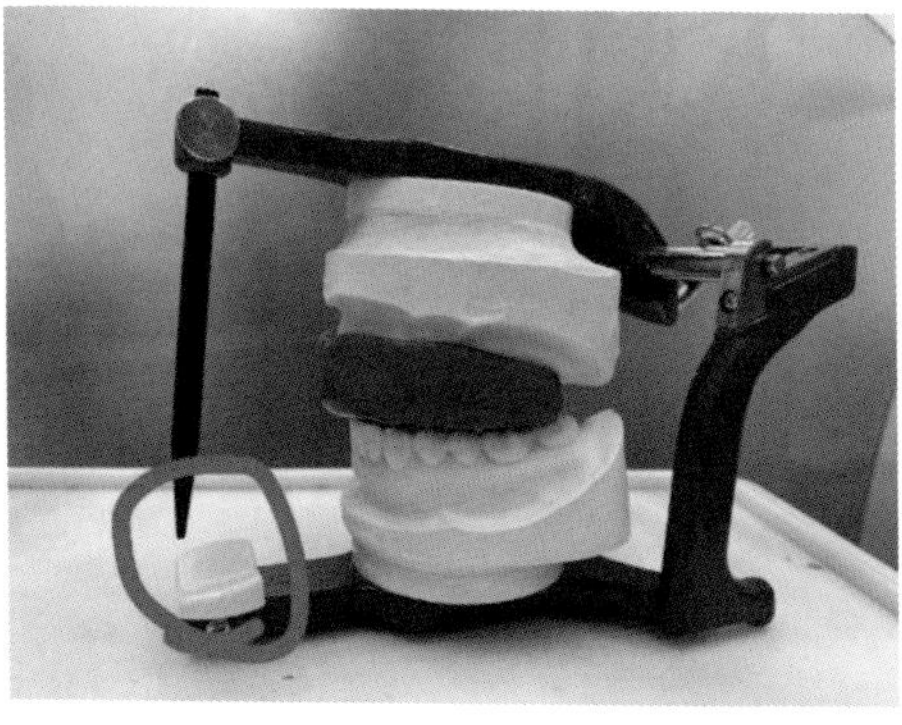

◆合わないマウスピースをすると…

言い方を変えると、合わないマウスピースをつくったらパフォーマンスが相当落ちる可能性があります。だから、三次元的にマウスピースの位置があるとしたら、試しにわざと逆にズラしてみると、要は間違ったほうに顎がずれると、パフォーマンスが見事にすごく落ちるんです。

ズレるといっても、1㎜もズレていないぐらい、何ミクロン（1㎜の一〇〇〇分の一）です。それぐらいでも、もうダメというかパフォーマンスが何十％と落ちるという感じです。中には違いが少ない方もいますが、違う人は笑ってしまうくらい違います。トップになってくればくるほど、たぶん5ミクロンとかそれ以下のレベルです。

歯を指で押すだけ…という歯医者もいます。ちょっと指で押す。押すと一瞬ずれる。あと爪楊枝みたいなので擦るとか、オリンピック選手レベルであれば、その程度で一瞬でパフォーマンスが変わります。だから本当はさっきの3ヶ月にいっぺんのマウスピースの交換もそうですけれども、試合直前に調整したいのが本音です。

でも、会場に歯医者は入れません。でもそれは誰もが同じ条件なので、同一条件にするということでは一緒なのでしょうけれども、ただ単に記録だけを上げるとか、陸上とか、そういうようなことだったら、本当に直前の体の状況に合わせて調整をしたらよいです。たぶん一通り走ったらまた戻ります。それぐらいナイーブだとは思います。

削るといっても言葉が大げさで、タービン（歯を削る機械）を私は使わないので、本当に磨くぐらいです。イメージとしたら、よく鉛筆の後ろに付いている消えない消しゴム、あの黒くなってしまうやつ。あの程度のもので擦っているぐらいの感じです。本当に表面の汚れを落とします！ぐらいの感じです。鉛筆の後ろに付いたあの消しゴムで、ちょっと歯の奥歯のところでこしょこしょと2〜3回やって、「俺の歯削れちゃうからやめろよ」とか言う人はいないと思います。でも本当にそんなレベルで変わってきます。

先日、世界90か国以上で採用されているキネシオテープのスタッフの方が、歯ぎしりが酷いからと言って来てくれたんです。それで、歯ぎしり用のマウスピースはつくりつつ、ほんの少しだけ、今言った擦る程度に調整して、「何かが変わるかもしれません。ご飯食べやすいとか…」くらいの話をしたら、「今日はありがとうございました」とLINEが入っていて、「噛み合わせ調整してもらったら、帰りめちゃくちゃ歩きやすくてびっくりしました」とありました。
やはり元々キネシオで体幹やストレッチなどの体を施術している方だから、自分の違いもすごくわかるわけです。

他には38歳くらいの女性ですが、いつも足の重心がおかしくて、3ヶ月ぐらい履くと中の芯が、靴の裏の、見えちゃっていつもすぐ靴がだめになって、替えていたのが、今回、今マスクをしているということもあって活動しづらくて歩きづらかったのですが、歩きやすいからとマウスピースを入れたまま電車とか移動して、「最近、気づいたのですけれども、この靴マウスピースを入れて歩くようになってから、もう半年履いていますけど、靴の裏が変に擦り減らないのですよ」と言って見せてくれました。

また、スタントマンの方が、「山に入っていくとき、リュック背負って、これしていたほうが楽なんだよ」と言っています。

◆ナイトガードと目のカスミ

ナイトガードのあるなしで、次の朝の疲れと、睡眠の度合いが違います。夜、噛みしめていて、朝、目がかすむ人は結構います。

それこそさっき言ったアメリカンフットボール部の監督も、スポーツしているからすごく歯が擦り減っていて、ナイトガードを入れて休んでいるのですけれども、例えばちょっとスマホいじっていてとか、本を読んでいて寝落ちしちゃったときとかは、朝起きると、目がかすんで見えないと言っています。

先日、クラブハウスで時間ができたからと、20分程度の仮眠だから大丈夫だと思ってマウスピースしないで寝たら、起きたらやはり目がかすんじゃって見えない。視力が戻ってくるまでに暫く時間がかかって、噛みしめってこんなに影響があるんだと思ったと言っていました。

そういうふうな、感じている方がいるということは、ナイトガードをしていない場合は、どこまで体がうまく抑え込めているかというだけの話です。それが、いつ発症するかというのもわからない。疲れや何かが蓄積していって、それまで大丈夫だったのが、急に50歳になったら発症するという事はあり得ます。

だから、よくかすみ目で、「目薬だとか薬だとかがいい」という人はいますけど、本当はそうではなくて、噛みしめの蓄積がその年になったから出ているだけで、本当は薬とか必要ないのかもしれません。でも、薬が必要なくなると都合の悪い方もいるのでしょうね。

どうしてこういうことが起きるのかと言うと、それは神経系の影響だと思っています。脳神経って12個あって、上から1番、2番とあるのですけれども、歯を支配しているのが5番目にある三叉《さんさ》神経《しんけい》です。先の方で三つに神経が分かれているわけです。だから三叉なのですけど、下は下顎で、上は上顎です。ここまではわかるとして、一番上は目にいっているわけですよ。

眼神経とつながっていて、目だったら普通だったら大元一緒だけれども、1・2・3で、5番目があったら三叉は5・6・7ってやったらいいのに、なんで目の神経と上顎と下顎で、これ一括りで5になるのは、大元が一緒だから5なんですけれども、また下からは6・7・8と一本ずつ出ているわけです。だけど、そういう特殊性のある部分というのは、やはり何かあると思うのです。だからそういう意味では、目に影響が出てくるというのはすごくあるのは想像できます。

コロナの影響で外に出ないで、自分の家で在宅ワークでパソコンで仕事が増えています。在宅ワークの時、そのときにパソコンのブルーライトの刺激で歯を知らず知らずに食いしばっていることがあり、そのときにマウスピースやナイトガードをつけているとすごく楽というIT系の人も多いです。

ナイトガード

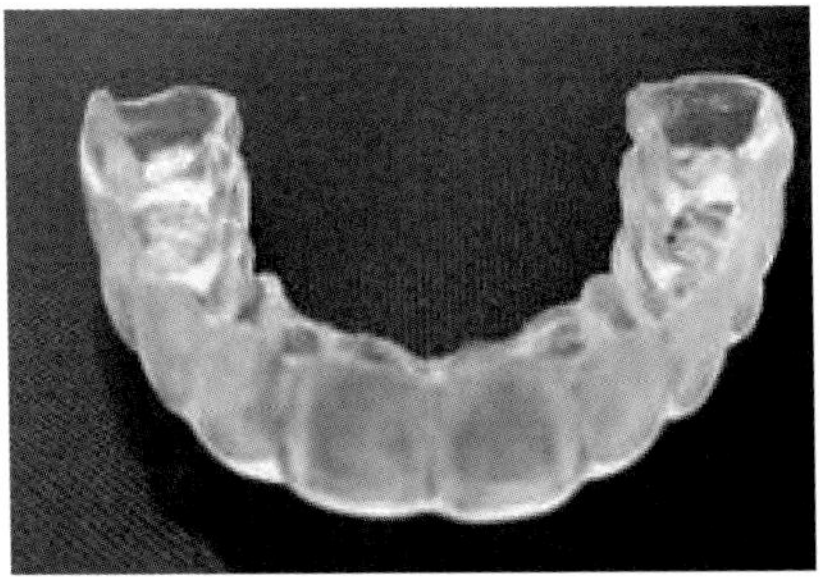

ナイトガードは付けるのを忘れてしまうこともあったり、夜中に気がついたら無意識に外してします人もいます。そうすると、歯ぎしりしたり、いびきをかいている人もいます。**ナイトガードは付けると熟睡度が高くなる**という人もいます。

いびき対策で、よくマウスピースの相談を受けるときに、「上下、両方につくるのですか？」などと訊かれます。

上でも下でもいいのですけれども、つくりやすいし動かないから上でつくることが多いです。両方でつくって下顎をキュッと前の状態にして、そこで固定しているようないびき防止のマウスピースをつくっている方もいます。なぜ、いびき防止にマウスピースの上だけにはめるので有効なのかというのは、あまり説明されてないです。

最近よく舌回しとか、口元をトレーニングして、口を閉めましょうみたいないながあります。確かに日本語って口元とか舌に緩い言葉なので、それを練習するのはありなのです。例えば英語みたいに「s」と「th」の発音差とか、「l」と「r」の差がないので、私なんか、いつもGoogleで口のマウスっていうのを出したくて、「マウス・マウス・マウス」と発音しても絶対ネズミしか出てこなくて、「マァウス」とかってやってみると、たまたま口が出たと。出た出た！なんて思うと、今度は口しか出てこなくなってしまって、それをうまく使い分けて、ネズミと口を出すとかできないです(笑)。

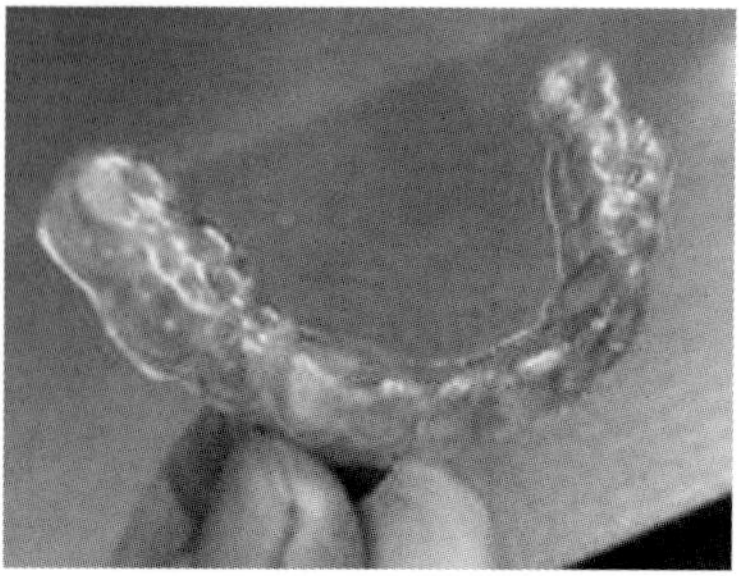
上顎のナイトガード

口元に弱い言葉なので、そういうことを鍛えるのはいいのですけれども、でも舌で言ったら、自分の意思で動かせる随意筋というのがベロの前の3分の1で、根元の3分の2は不随意筋といってそもそも動かせない。だから大元が鍛えられないのに、ここだけ鍛えて上に舌を上げましょうとか、仮にそれが鍛えてできたとしても、寝ているときに、夜寝ているときも意識を集中して舌を上につけていましょうとか絶対に無理です。

筋トレと気合いで舌を上顎に着けるのではなく、顎の位置が正しいところにいくように誘導したマウスピースだと、顎の位置が正しいところに誘導されているから、舌が正しい位置に導かれているわけです。ベロが上顎にくっ付くというのは、たぶん生理的な反射だと思います。脚気の検査、膝蓋腱（シツガイケン）反射と一緒（膝のいいところを叩けばピョンといくけれども、悪いところ叩くとどんなに叩いても反射しない）で、一緒で顎が良い位置に収まると、ベロって自然にその上にくっ付く方が多い。そうなってくると、要はベロがくっ付いているから、舌根沈下というかベロが後ろに落ちないので、気道も確保されるし、あとはそれをシールしていることによって、腹圧というかお腹の圧とかも、変に下がったりしないしという、そういう色々なことが重なっていびきが少なくなります。

口唇の上下をテープで止めても、ベロが下がっているのに絶対取れていません。それがテープで止めて大丈夫というレベルの人は、そもそもベロが下がっていないとか、ただ習慣的に口を開けてしまう人です。もしくは口元がただ単に緩いだけという人もいますから、その程度ですけれども、**本当に鼻で呼吸なんてガムテープで貼ったら、結構苦しい**です。やってみたらわかりますけど、絶対無理でやったらもう数分で苦しくてどうにもならなくなります。

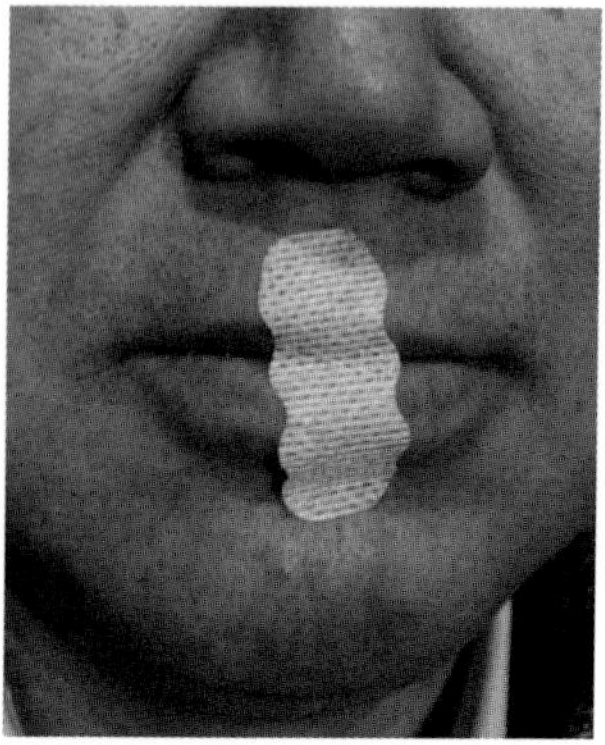

だから、そういう意味で顎の位置を正しいところに、だからずっとそこで噛んでいるわけではなくて、一回そこに収まれば、顎ってそこを記憶するので、そこにまたスッて戻れるようになっていれば、べつにいつもそこに噛んで合わせているからではなくて、顎の三次元的な位置がそこに落ち着けば、ベロが自然に上顎にくっ付いて、顎を引っ張ってくれているので、いびきはかきづらいのかなと思います。

◆お餅をつく杵と臼の理論

お餅をつく杵と臼がある、あれを逆さまにしているのが歯と顎かなと思います。杵と臼に例えると、動くほうの下顎が杵で、上顎が臼だと言われます。臼が固定されていて、杵が動く。だから入れ歯をつくるときも、リンガライズドといって、上顎の内側のここの出っ張りが、下顎のこういうふうにやるからみたいな理論なんですよ。

でも、上顎は動かない。ですから理論的に言ったら下顎が動くわけだから、下顎の仕事をしてくれる出っ張りが、うまいこと食べ物を乗っけて、上顎の溝に運んでくれれば杵と臼でいいけれども、上顎が杵でこちらが下顎が臼という学術的な解釈なわけです。だから、杵固定の臼を動かしていることになっているから、そもそも変です。どう考えても変です。普通に考えて変なのに、それを変だと疑わないのは変です(笑)。

別に歯学だけではなくて、今の医学などの色々な状況を見て、常識的に素人が考えておかしいでしょと思うことに対して、エビデンスがないとか、科学的論拠を述べよとか言われると、「それはないですよ…」となることがたくさんあります。

例えば今日、私がスペシャルジュースを作って、「これ飲みな!」と言って、その人が翌日死んだら、このジュースを疑いますよね。では、科学的根拠はなんだと言われても、ないかもしれない。でも、それを知っている人が、翌日にまた、私からジュースをもらったら、「俺、そのジュースいりません」と答えるのが一般的でありませんか。あとからそのジュースに問題があったかなかったかの答えが出てくる。でも、他の因子がないとしたら、科学的根拠があるとかないとか、因果関係あるとかないとかではなくて、素人としておかしいと思いますよね。

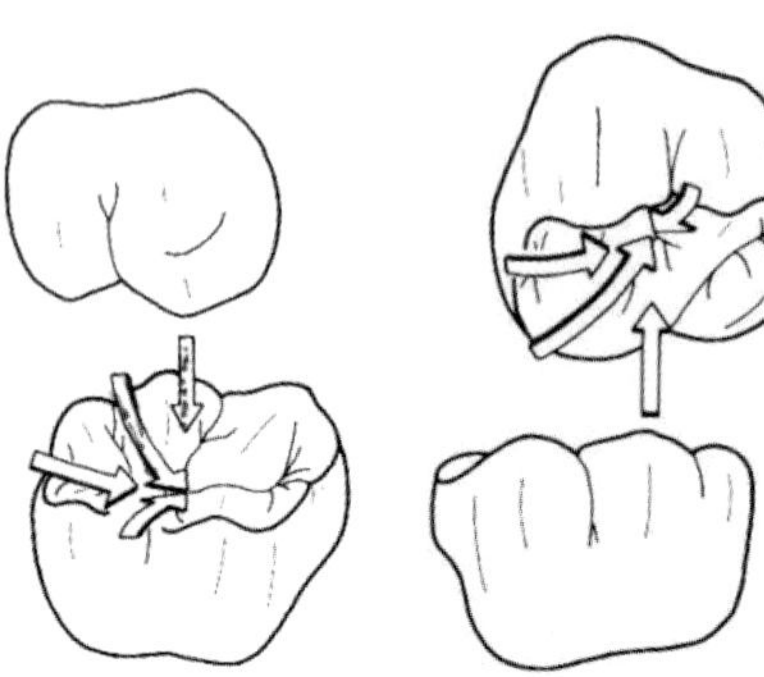

餅は臼が固定されていて、杵で打つのが普通ですよね。それが逆さまになっているのだったら、上をきちんとして、下顎を上がりやすくしてあげるのが普通だと考えるのが、自然だと思うんですけど、それを歯科医がそういうふうに勉強していないのが不思議です。

そういう意味では、**そもそも正しいことを言われてない面が多々ある**と思います。

◆顎関節の支点はどこか？

噛み合わせで素人なりに考えて、顎の支点は、どこになると思いますか？頭蓋骨があって、球面です。そこに顎関節の先端が入って動く。ということは、支点は一か所ではないですよね。そして、その支点が左右にある。だから顎は、前後左右上下に自由自在に動く、横も前も…。だから両方あるなかの支点を決めて、どこかでうまく調整できるということはないと思います。

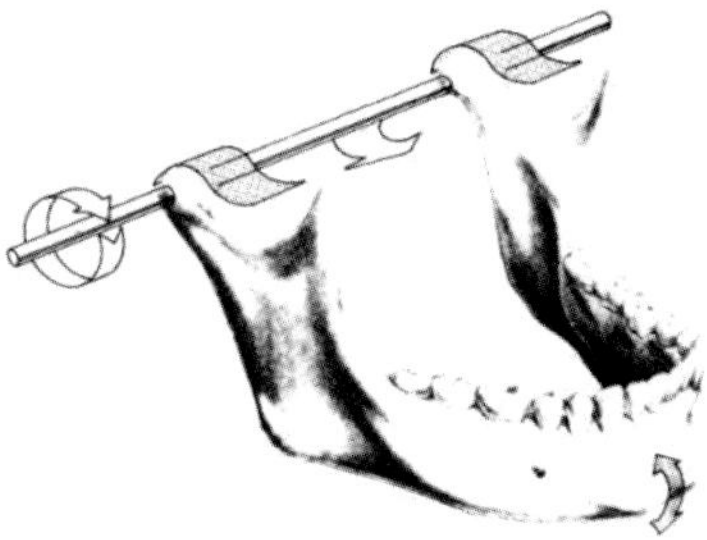

　でも、それをつくるのに咬合器って噛み合わせの機械は、一個支点があって顎の関節だけで言ったら、両側性というのが一気に両方動きます。腕で考えたら、右の肘動かしたら連動して左も動きますというのはないですよね。あーんと口を開けたと

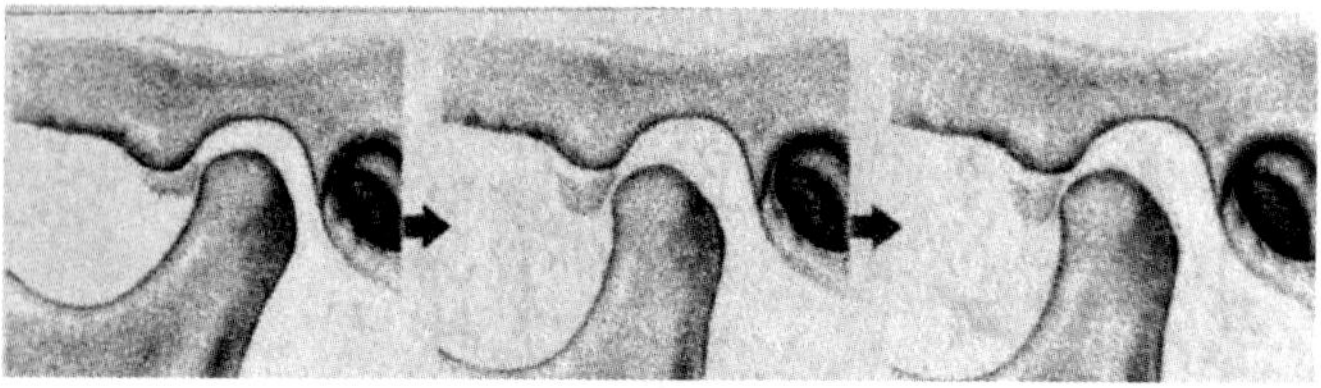

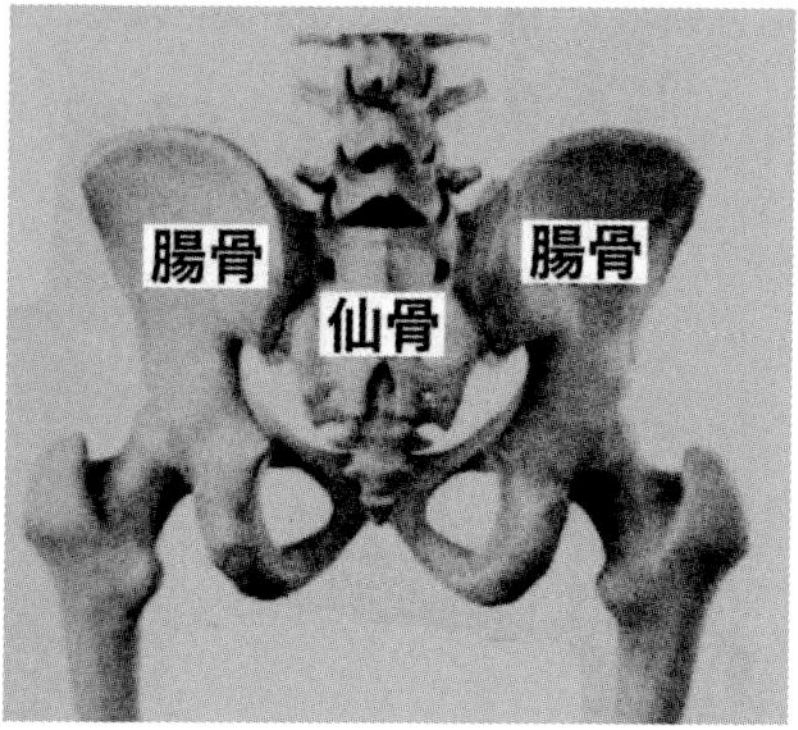

きに、両方同時に動くは、基本的には顎だけです。そう言うと、仙腸関節も微妙にそうです。仙腸関節は、昔は体の中で唯一いらない関節と言われていたのが、ここ20年ぐらい超重要となっています。

一般的に昔から言われているのが両側性、要は左右が一気に動く。それも複関節といって、最初の動き出しは回転だけど、大きく口を開けると滑走運動になります。**二つの運動をする関節というのは、顎の関節だけ**なのですよ。

そういう特殊性を持っているものは、絶対何かポイントがあると思います。その絶対何かポイントがあるそのポイントを外してしまったら、変な話、ゲームは成り立たない。例えば、野球でピッチャーいなくなったら、ゲームが成立しない。ピッチャーいなかったらゲームすら始まらない。極論、キャッチャーいなくたって、全部打たせてコールド負けすることはできるかもしれませんけれども、ピッチャーいなかったら始まらない。

だから、そうなるという伝で体の事を言ったら、ピッチャーとかゴールキーパーの役割をするのが、もしかしたら顎の関節ではないでしょうか？　こういう視点を持っている歯医者や医者はまだ少数です。

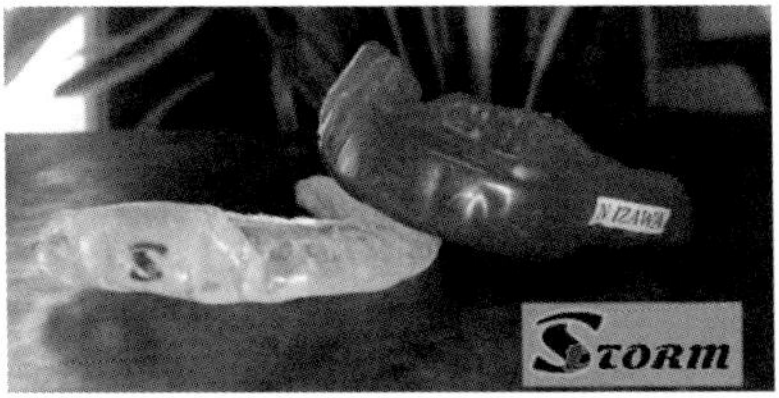

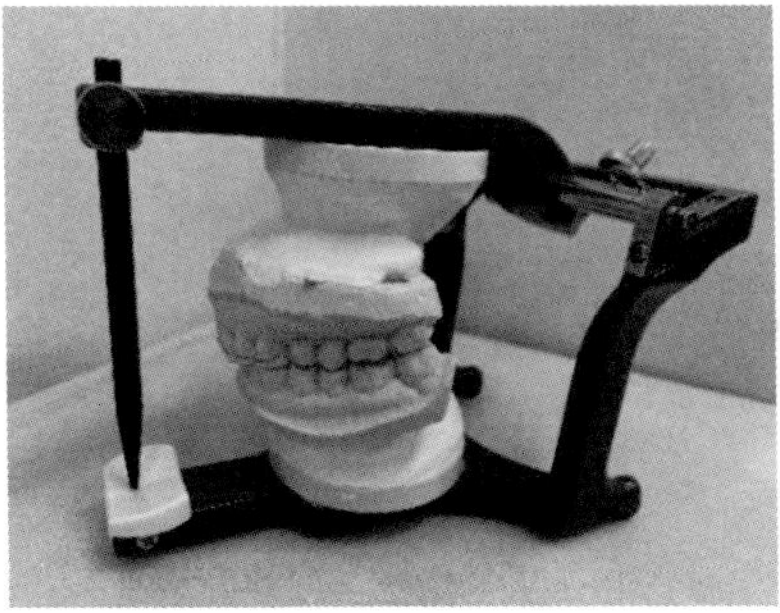

◆私の作るスポーツマウスピースの特徴

私がつくるマウスピース、スポーツマウスピースやナイトガード、さらには咬合（理論）と他の方がつくるマウスピースとは、何が一緒で何が違うかという質問をよく受けます。

型を取るからピッタリしているというのはたぶん一緒です。一般には、「ピッタリしていれば良いマウスピースです」という感覚があります。それは、一般的には**今噛んでいる、噛み合わせている顎の位置が正しいと仮定している**わけです。

今の顎の位置が正しいか正しくないか、それはわからないですよね。だって、例えば、テニス選手がいて、「このラケット、俺ばっちりだよ」と思っているラケット使っていて、でも、それしか使ったことがなかったら、他のラケットを知らないわけです。他のラケットを使ったら、もっと自分に合ったいいラケットがあるかもしれない。

同じように、いつもここの顎に位置でこの咬み合わせで、ご飯食べていて、特に支障ないから、ここがベストの位置と思って、そこでマウスピースをつくる。まだ、その位置でマウスピースをつくっているなら、まだいいです。

これまでは、主として歯科技工士主導でマウスピースは発展してきています。実は、マウスピースは、歯科医院としてはあまり儲からない。だから、歯医者が手を出さないので、噛み合わせという概念がそもそもないというより、技工士は噛み合わせを採ってはいけない、だからマウスピースを作るときに、上顎の歯型を取って、下の型れないのです。上の型だけ取ってピッタリしたものをつくる状況なので、オーダーメイドといっても、上の歯にピッタリするよという感じです。

先日、ラクロスの選手にマウスピースを作りました。「開口」といって歯があまりくっ付かない、前が開いてしまう方でした。噛み合わせ調整して、少し前歯が厚くなってしまうけれども、全部均等に噛み合うようにしてマウスピースつくったら、今までと全然違う、「なんでもっと早くこれにしなかったんだろう」と言ってくれました。今までは、奥歯しか当たらないから、大口開けた状態になるので、プレー中に口は乾くかと思えばよだれは出てくるわで、顎が落ち着く位置に合わせることができないマウスピースでプレーをしているので、集中なんてできるわけがない。

このように、上だけ型を取ってできてきたマウスピースは、噛むものではないですけれども、どこにも顎が落ち着かないマウスピースであるということは往々にして多いです。

　私は、一応それを正しいと思われる、顎関節が喜ぶ位置みたいなのを探して、固定をするわけではないので、その位置に落ち着くように努力します。マウスピースを噛んでパワーを出していますというのではなくて、顎の落ち着く位置に合わせたら、あとは口を開いていようが何していようが、もういいですよというスタンスで使ってとは言っています。


　ですから、私がつくるマウスピースと、他の方がつくるマウスピースの違いは、すごく抽象的ですけれども、**顎が喜ぶ位置を探しているか探していないか**になります。

　要は顎にかかわらず、体が喜ぶ位置とか、あとベロが上がってくれれば、なんでもないときにベロが上顎につくようになってくると、腹圧が、気道が閉まるといえば閉まるので下がらないから、例えばドローイングして、インナーをこうやったときにも、結局グッとインナーを固めてドローイングした状態にしていても、口でハッてやっちゃうと、クッとなって、結局ワンクッション遅れるわけですよ。ドローイングが空気入っちゃって。

でも、ベロが上がっていると、そのまま陰圧を保てるので、そこから直にクッて動けるようになる選手が多いので、そうなると要は結果反射が早くなったとか、反応が早くなったわけではなくて、ワンステップ動作がなくなっただけなのです。ここでフッて力が抜けるところがなくなってくるというメリットはあるかなと思ってつくっています。

マウスピース症例

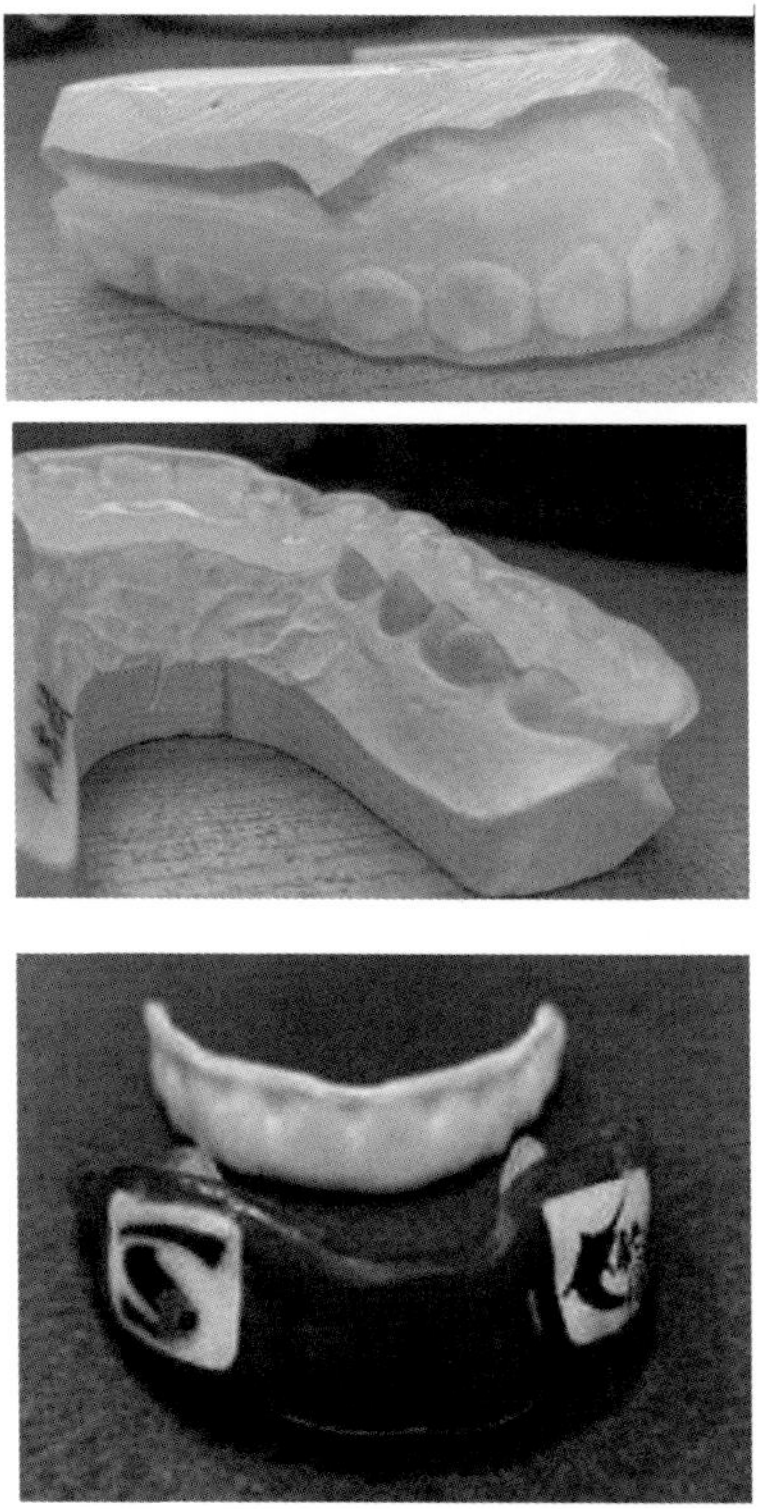

◆顎が喜ぶ位置を探しにはバイト（かみ合わせ）が必要

私は、シリコンで上下の型を噛み合わせのバイトを取って、さらに筋肉反射で顎が喜ぶ位置を探しています。

エビデンスではないですけれども、何か基準がないといけないので、オーリングなどありますが、私は大きな筋肉の筋肉反射を使っています。わかりやすいので上腕三頭筋を使わせてもらっています。

両腕を横に水平に広げてもらい、「真っ直ぐ体重だけかけるだけです」と言って、本当は何か機械とか、引っ張るバネばかりみたいなものでやってみたいとは思っているのですけれども、医院内ではそれができないので、両腕になるべく同じ力をかけます。

同じような一定の条件でチェックしても差がある人は、もう全く筋肉に力が入らず抵抗できません。だからもう筋肉がどうとか、そういう話ではなくて、おそらく脳の反射が要は力を出せよという命令が行かなくなってしまうのですよね、

今のところ、一応筋肉反射で、ＭＲＴ（筋肉弛緩）ほかに測りようがないので、ほかに例えば血液のデータとか脳波とか、そういうのを測れたらなと思うので協力してくれる所があればとは思っています。呼びかけてもお金がかかったりとか、それが逆

に言うとエビデンスが取れないシステムになっているのですよね。膨大なお金がかかったり、あとはエビデンスが取れる環境があって、それを測ろうとすると、その道を断たれてしまったりすることがあるので、なかなかエビデンスが取れないですけれども、だからそうなると筋肉反射とかを使って、主観混じりじゃないですけれども、その人の感覚になってしまいますけど…。

最近は、マウスピースは、月間１００個はつくっていますけれど、なるべくたくさんの人に使ってもらって、その違いだったり、効果だったり、力が出るようになったとか、プラスマイナスをヒヤリングしています。

反応が速くなったということではないにしても、人生を長い目で見たときに、**間違ったマウスピースを入れていることは少なくとも絶対マイナスです。**いろんな意味で。発育とか発達とかというのを含めて…。

そのマイナスをカットしてあげているというだけでも価値はあります。だってそれでずっとご飯食べているとか、一生その競技だけをしているわけではないので、いつか引退したときに、困ってしまうような状態というのとか、あと体のバランスがそれですごく崩れているという状態をないように、そこまで想定してつくっています。

型を取って、良い状態にしたところでバイトをとって、歯科技工士さんに上のマウスピースをつくってもらっています。それに下顎を合わせるように微調整をしていきます。実際にチェアに座ってはめてみて、立って筋肉反射で確認しながら、どうかと微調整して、手間暇かかっているというのは、研究していない歯医者とは確実に違うと思います。

まず、私なりに合うと思われる顎の位置をみつけ、筋肉反射で見ながら、細かく調整しています。普段の自分、良い状態、さらにはわざと悪い状態をつくって、筋肉反射でチェックしていくと、合わない顎の位置では本当に笑うぐらい力が入らない。

あと私は、探求心から、こうやったらいけるんじゃないかなみたいに、形や厚みなども、歯科技工士さんと相談しながら、これできる？　とか、あれできる？　とか、素材を幾つか組み合わせたりしてつくっていて、その試作品をトップの選手につかってもらうというのをやっています。今つくっていただいている歯科技工士さんは、マウスピースをつくり始めて三年目ですけれど、最初からそういうふうにディスカッションしながらやっているから、形とかも進歩がめちゃくちゃ早いです。

その歯科技工士が、ある先輩の所に遊びに行ったときに、たまたま先輩がマウスピースをつくっていて、「どうだ、これ！　これいいだろ、うまくできているだろ?」と見せられたそうです。見た瞬間に、「なんだよ。これっ」と思ったけど、先輩なので、「そうですね」とって言うしかなかったと言っていました。「これじゃあ、だめだろう」と思うところが満載だったのでしょうけれども、でも、今日本のマウスピースの歯科技工のレベルは、それしか情報がないのですよね。だから、そのへんを変えていけたらというのが、今すごくありますね。

色々取り組んでいる中に、マウスピースの色の事もあります。人間は色とも相性があるので、研究というか、臨床の中で自分の好きな色とか、合う色とかは選んでもらうようにしました。

それこそさっきのＭＲＴで、その違いを何回か見て、目で見てというか、色で体の反応が違う人もいれば、ただそれを自分の好きな色を使うのか、そっちを使うのかその選択はその選手、人それぞれですけ。

あと、これも信じる信じないですけれど、情報の転写というのもあるわけですよ。例えば、人は左右の小脳のバランス、小脳ってバランス取っているので、そこの元々自分の体が持っている情報が少ないから、それを情報転写したマウスピースをつくろうかというのも今やっています。

Dr.Strom による選手の咬合採得

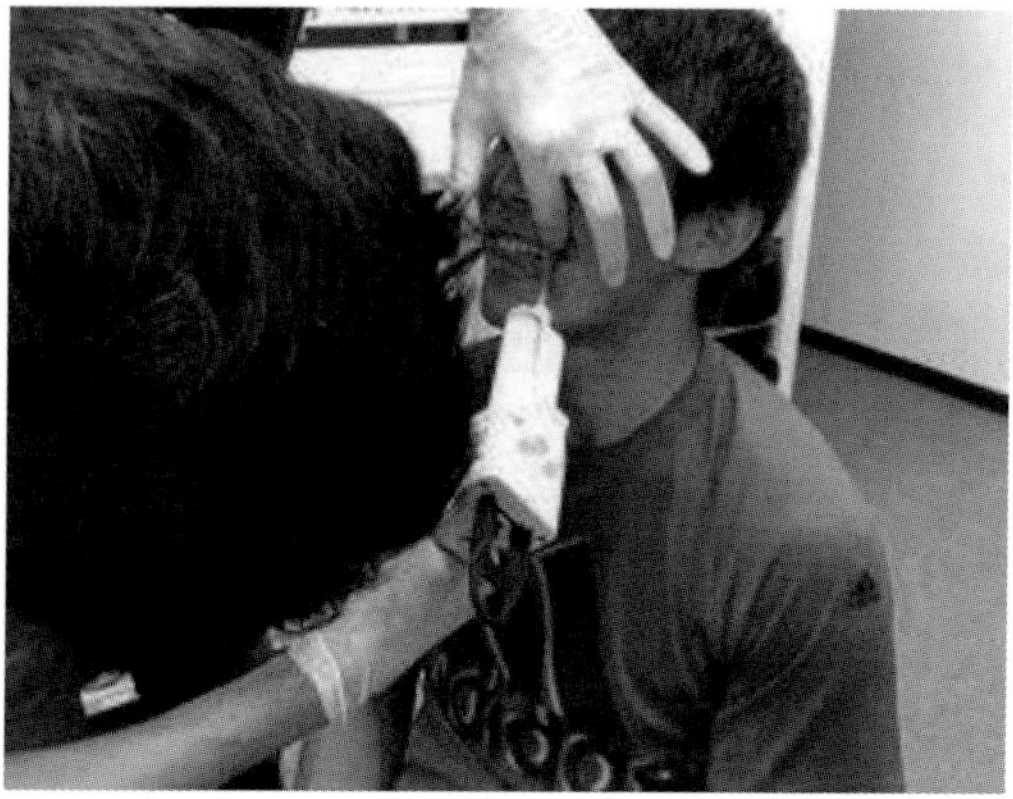

咬合採得（出典：FEED ホームページ）

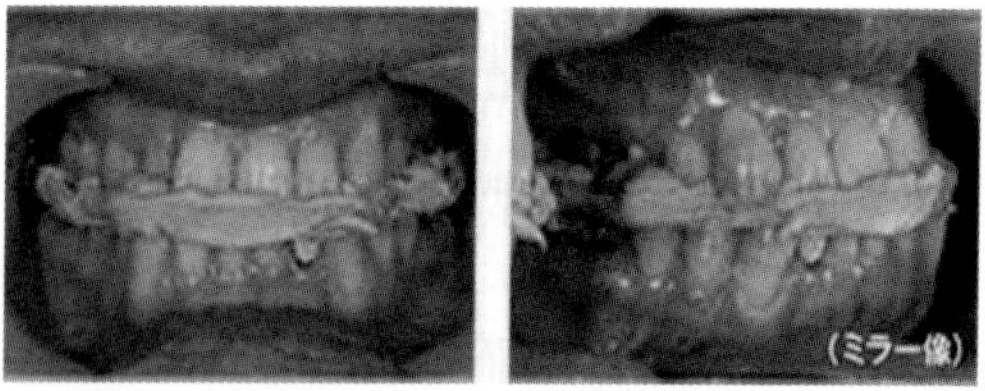

◆歯や歯茎が弱い人

歯や歯茎が弱い人というのは、ポテンシャルとの関係はあります。それこそ医療の領域になってしまいますけれども、虫歯とか歯周病が食べかすが原因だということ自体が、そもそも証明されていないから、口の中にほとんど虫歯がないのに1本だけ神経取るみたいな虫歯になっていますという人がたくさんいます。

そうすると、手前の歯は磨いていなかったから神経取るけれども、接触している後ろの歯だけはよく磨いていました、そんな人絶対いないじゃないですか。でも、それでも食べかすの影響だというんですよ。大学の先生とかに、「なぜ、後ろはむし歯にならないのですか?」と訊くと、それは磨き方が悪いと言います。「磨き方が悪かったらこっちもあっちも悪くなりませんか?」と言っても、そうなると突然変異ではないですけれども、偶然みたいな、でもそんな話をする先生が一人二人ではなくてたくさんいます。

そうなると、基本的な虫歯とか歯周病が感染症ですという、その説自体がもう足元が揺らぎますよね。これらが明らかになると、売れているオーラルケアグッズが…。

これもあくまで私の推測です。

だから歯周病とか虫歯になっている人というのは、そもそも噛み合わせが大きく崩れている人が多いので、そういう部分は考慮しないとだめです。

あとは体のズレというか変化の大きい人というのがいます。その結果がここに出ているだけなので、原因を探りながらマウスピースをつくっていかなければいけません。以前実際にあったのはキックボクシングのマウスピースつくったのに、そのマウスピースを2ヶ月半ぐらい入れていたら、歯並びがきれいになりましたという人がいました。

それはそのマウスピースで動いたわけではなくて、マウスピースをつけていることによって、舌とか筋肉とか筋のバランスだったり、あと姿勢が変わったことによって、重心が変わって、結果歯がそこに並んできているという可能性はあります。

◆歯並びとバランス

歯並びよくしたけれども、バランス悪くなったという方もいらっしゃいます。

矯正の悪いところと言いますか、見た目が揃って、いい感じで噛んでいる雰囲気になっているけれども、実は体調がすごく悪くなっていたりする人がいるのも事実です。噛み合わせの変化で体調不良になる方もいらっしゃいます。

でも、それを矯正の先生に言っても、「ない、ない」と言うわけです。でも、ないないと言っても困るのは歯医者ではなくて、一生困るのは患者さんです。だったら、どうしてもっと小さい頃に、「抜歯矯正をしなくてもいいような生活習慣を身につける指導をするのに100万円です」というほうが、「抜いて100万円です」ではなくて、たぶん理にかなっていると思いますけど…。

でも、そちらの学問は発達しないで、抜いてきれいに並べるワイヤーテクニックとか、マウスピース矯正ってそちらばかりがスポットライト浴びます。同じ形の歯が2本あるから1本抜いても大丈夫。

でも、**抜いても大丈夫なのは、とりあえずあまり死にません**ということがわかっているだけで、本当にどういう体調不良が起きるかというのは全くわからないです。だからそのへんは歯並びというと、見た目の歯並びと機能的なものというのは、もしその人が仮にぐちゃぐちゃであっても、それで体調が大きく崩れていないのであれば、その人の生活習慣が生み出した歯並びがその状態だから、へんに手をつけないほうがいいケースというのもあります。だからどうしてもそれを治したいのなら根本から治していかないといけません。

病気ではなくてスポーツだとすると、例えばスノボードとかバランスがずれた状態が普通というのは、そういう噛み合わせで、そこで合うようなものをつくったほうが、その競技時間や練習時間はいいという理解をしてほしいです。

小さい頃から整ったバランスで、それを練習していれば、その状態で乗れるようになります。でも、そうではない状態で、ずっとやってきた人が、急にバランスのとれたマウスピースをつけると、スキーの全日本クラスの選手でも曲がれなくなってしまう人がいます。

慣れていないから、バランスが正しくなったからダメになってしまう。今までズレた状態でずっと練習してきているから、荷重がうまくできなくなってしまう。でも最初からマウスピースをつけて、正しい状態からの荷重を覚えていれば、それで曲がれなくなることはないのです。早い段階からマウスピースをつけましょうというよりは、正しい体のバランスやそれを補うためのマウスピースをつけたほうが、より競技的なパフォーマンスは上がるのではないかとは思っています。

そもそも、最初からスノボードとかスケボーなどは、外傷の可能性があるという点から見てもマウスピースをしたほうがよさそうです。特にスケボーとかは前歯折ったりする人います。それで、ファッション性も高めて、この業界に広まればいいなと思って、色々な所にアプローチするのですけれども、返信は全然こないです。

そもそも、自分の正しい顎位がわかっていれば、防御以外であれば、マウスピースがなくても、いいパフォーマンスで競技ができます。

何が何でも、マウスピースを全員がつけたらいいわけではなくて、**正しい顎位がわからないから、それを思い出すためにスポーツマウスピースやったらどうですか?**、**寝るときにナイトガードやったらどうですか?**ということで、マウスピースが万能で、絶対つけるべきだということではないです。

顎の位置も防御以外であれば、つけるつけないではなくて、正しい顎の位置に小さい頃からきちんと発達できるような環境を、歩き方だったり、噛み癖だったり、そういうのも気をつけていた結果、防御のためにそれもつけますよぐらいの感じでいいと思います。そもそも顎位の位置がぴったり100%に育つ人というのもなかなかいないじゃないですか。そうすると、それをケガの防止ということも含めて、低年齢からマウスピースをつけたほうが、健康のためにいいのかなというのはあります。

入れ歯を入れる様になるまでに、身体全体がくずれてきたことを、忘れて、----入れ歯だけで、問題を解決しょうとするところに、患者、歯医者伴に問題が有る。
『全体----部分』これらを『家----ドア』の関係で示して見た。
次の問題は『家の住人の人柄』『身体の支配者--心』。

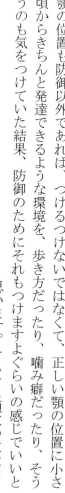

◆ホルモンバランスと自律神経と免疫の三つをコントロール

治ったといいませんし、全部ではありませんが、症状が軽減されたと思われる症状・症例はあります。

アトピー、どこにも外傷とか臓器的な損傷がないのに脳が痛いという判断をしてしまう線維筋痛症、特発性間質性肺炎、パーキンソン病、腰痛、四十肩、五十肩などの症状が軽くなる方もいらっしゃいます。

肩凝りでは、マウスピースを入れてよくならなかったらどうしようか、5千円がもったいないと、もすごく悩んでいて、入れるのに4年ぐらい迷っていた方が、一回つけたら一晩で肩こりが楽になったという方もいます。まったく、ゼロにはならないけれども、今まで、なんであんなに悩んでいたのだろうという人もいるのです。あとは一般的な睡眠時無呼吸症の人とかは、結構楽になる人がいます。

また美肌というか、お肌よくなったりとか、シワが取れてきたという方もいます。血液とかホルモンなどのエビデンスを取れていませんせんストレスホルモンのコルチゾールの測定は…。そのときに聴いている音楽だったり、室温だったり、もちろん体調だったりがそういったちょっとしたことで左右されてしまうナイーブなものです。
私は、**ストレスホルモンが出なければ、肌の水分量がいい感じなる**のではないかと思っています。単純に歯ぎしりしていれば、噛み合わせがどんどん下がってきて、ほうれい線とかマリオネットラインがきつくなります。

マリオネットライン

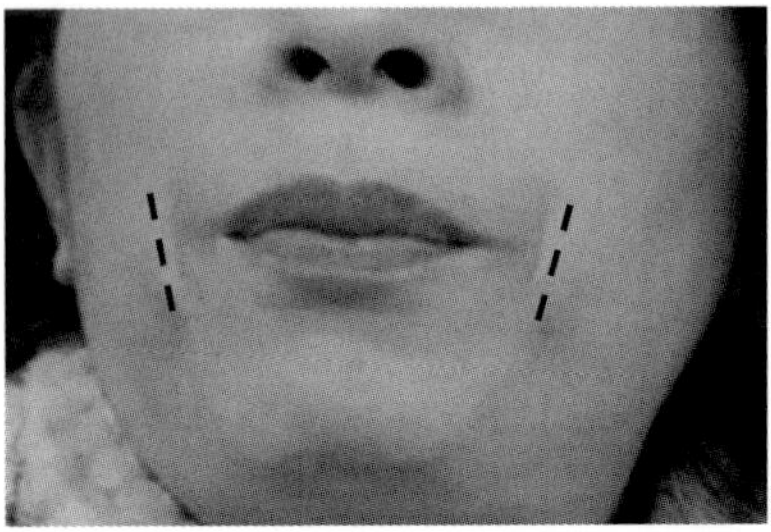

だから基本的に、**何かが治るというよりは、ホルモンバランスと自律神経と免疫が変わってくるので、この三つがコントロールできたら、結構色々なものはよくなる**と思っています。

　殆どが知り合いの整体の先生から紹介で、「噛み合わせと診てください」というかたちで来院されます。

　例えば薬飲まないでちょっとでもよくなったら、うちの場合は噛み合わせの治療を保険でやっているから、かかっても一回数千円です。この金額で試してみて、ちょっとでもよくなったら、いいじゃないですか。それが、こちらとしては、臨床としてのエビデンスになります。数値は取らないですし、今は数をこなしたいです。

不正咬合の発生
↓
あご(関節)がズレる
↓
頸椎がズレる
↓
胸椎がズレる
↓
肩関節などの関節がズレる
↓
腰椎がズレる
↓
骨盤・仙骨、仙腸関節がズレる
↓
股関節などの関節が歪む
↓
神経系統の異常が発生する
↓
ホルモン系統の異常が発生する
↓
生体のバランスが崩れる

おわりに

日本は、薬の使用割合が世界一です。ある映画で、製薬会社の幹部が「人々の健康を守っているのは我々だ！」みたいなことで高揚させて、新入社員を洗脳していくものがありました。

本当は、薬を使わないようにするのがいいと思っています。薬で症状が軽減させている人も、私の噛み合わせの調整やマウスピースで症状が軽減する人が意外とたくさんいます。現在、日々臨床でマウスピースをつくっていると、こんな不調も変わるのとか、こんなこともあるのとか、驚かされることがたくさんあります。

私の話は、学術的理論がこうだからとか、データがこうだからというよりは、自分が体験したことや目の前で本当に起こったことと、私の推測です。私が話すのは、本当に家族がそうでしたとか、後輩がこうなりましたとか、そういう話で、皆さんからすると、「えー、そうなんだ！」「それって嘘なの？本当なの？」ということ結構あるので、都市伝説ではないかと思うこともあると思います。

でも、私はそういう話を伝える場ができたら面白いし、浸透していったらいいなと思っています。今後色々な情報をオンラインサロンや、オフ会などで、伝えていけるチャンスがあれと思っています。

Dr. storm

２０２２年3月吉日

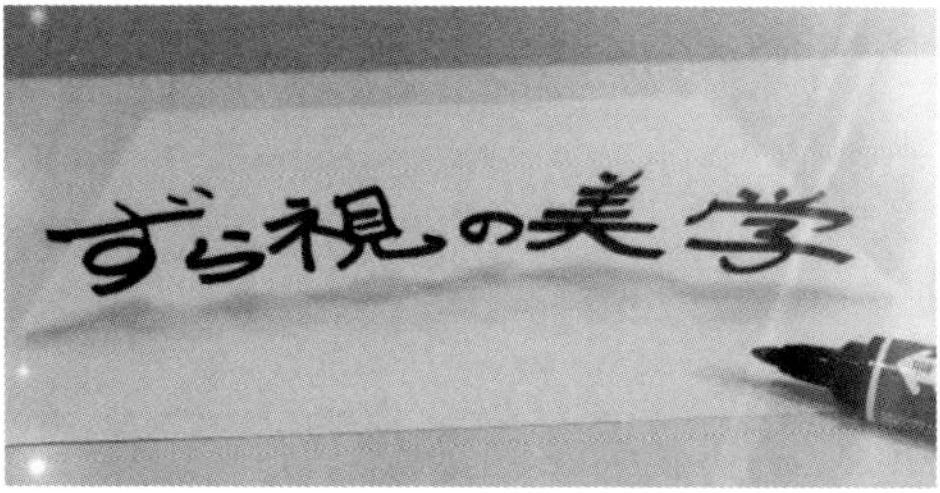

【オンラインサロン「ずら視の美学」】

https://idobata-salon.com/detail/index/id/5552/

IDOBATA ずら視の美学　で検索！

月額2,000円

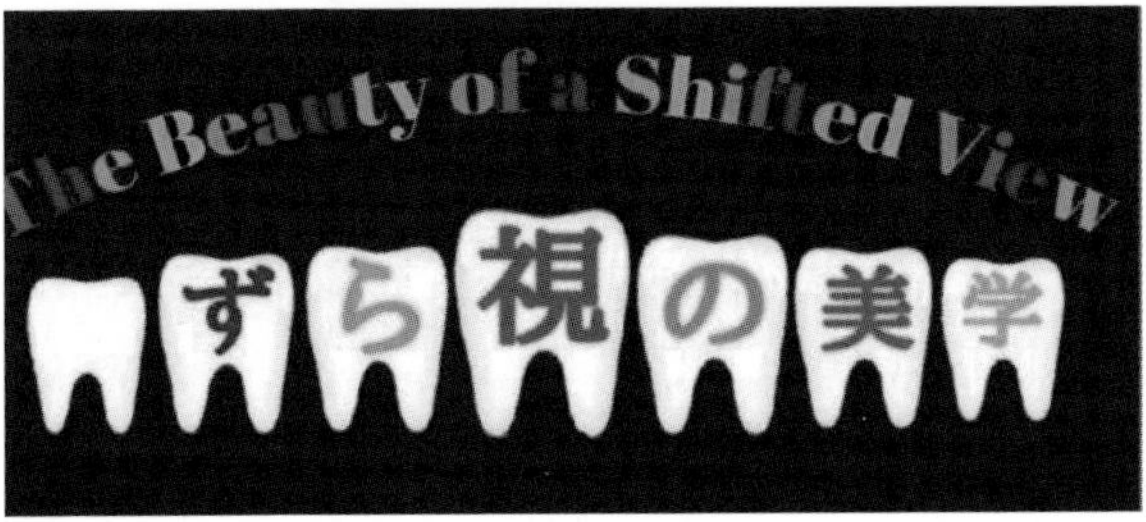

『穿った見方』をしてみたら、世界が変わるかもしれません！（穿った見方：物事の本質を捉えようと鋭い視点で見ること）

「疑って掛かるような見方をする」といった間違った解釈がされることが多いです。ずら視てみたら分かることも多い

こういったことに興味ありますか？

実は、謎の歯科医Dr.Strom（ドクトル.ストーム）とジャーナリスト釣部人裕は、オンラインサロンを始めることにしました。

Dr.Stromの話は、学術的理論がこうだからとか、データがこうだからというよりは、自分が体験したことや目の前で本当に起こったことと、本人の推測です。

本当に家族がそうでしたとか、後輩がこうなりましたとか、そういう話で、皆さんからすると、「えー、そうなんだ！」「それって嘘なの？本当なの？」ということ結構あるので、都市伝説ではないかと思うこともあると思います。

◆オンラインサロンの活動&参加特典（抜粋）

１．月数本、Dr. Strom の「ずら視の美学」の動画を公開
２．月数本、Dr. Strom 執筆の記事（文章）を公開
３．不定期でオフ会を行う予定です。
４．「Dr. Strom の講演会」に優先的に参加。
５．収録に参加できます（人数に制限が有。８名まで）
⇒その後、オフ会開催の場合には参加できます。
6.活動に協力的な方で希望する方には、運営側でお手伝いをしていただきます。
⇒サロン代は免除します。

情報があふれ、マスコミやメディアの情報が信じられないし、かと言って、ＳＮＳの情報は玉石混淆、こうなると、誰の情報なのかは、とても重要です。

このサロンを、一緒に作っていきませんか？

◆こんな方におすすめ

○健康になりたい方！
○かみ合わせが気になる方！
○スポーツのパフォーマンスを上げたい方！
○なにか、体に不調がある方！
○マウスピースやナイトガードに興味のある方
○お口の健康に興味のある方
○生きるのが楽になりたい方！
○なんか生きにくいなと感じている方！
○Dr.Strom、釣部人裕に興味のある方

IDOBATA ｢ずら視の美学｣ で検索！
是非、オンラインサロンに登録ください！

【ドクトル·ストーム プロフィール】

開業医、男性50代。

大学卒業後は補綴科（入れ歯や歯の被せ物を作る科）にて勤務したが、生まれながらの天邪鬼（あまのじゃく）気質から、どうにもこうにも現代西洋歯学が信用出来なくなり…、友人歯科医師から誘われた【咬み合わせ】や【顎の位置】から体調に大きな変化が出ることに興味と面白さを感じて様々な症例にアプローチ。その変化を確認していくうちに、「〇〇が治る」とは言えない大人の事情があることを痛感、そして驚愕する。

ならば違った角度、方法をと…スポーツマウスガードを通じて『歯科から真の健康へのアプローチの先鋒役』をと勝手に名乗りをあげて現在絶賛奔走中‼

ずら視の美学

バレたらまずい!?　噛み合わせの秘密　スポーツマウスピース編

2022年3月14日　初版第1刷発行

著　者　Dr.storm

発行者　釣部 人裕

発行所　万代宝書房

〒176-0002 東京都練馬区桜台1-6-9-102

電話080-3916-9383　FAX 03-6883-0791

ホームページ：http://bandaiho.com/

メール：info@bandaiho.com

印刷・製本　日藤印刷株式会社

落丁本・乱丁本は小社でお取替え致します。

ISBN 978-4-910064-66-6 C0036

装丁・デザイン／石黒 順子